경남시인협회

사 화 집

유등, 충혼이 타오르다

경남시인협회
Gyeongnam Poet Association

■ 시집을 펴내며

강희근 경남시인협회장

본 경남시인협회가 유등축제에 참여하면서 두 번째 사화집 《유등, 충혼이 타오르다》를 내게 됩니다. '유등과 함께하는 시인들' 이라는 이름으로 2010년 유등축제 참여 이후 첫 사화집 《전설이 흐르는 유등》을 사진판으로 내어 내외에 호평을 받은 바 있는데, 이번 그 기획물로 내게 되는 두 번째 사화집도 준비하는 동안 관심을 가지고 격려해 주는 회원들이 많았습니다. 감사 드립니다.

2011년 유등축제 기간 중인 10월 7일 오후 5시 경남과학기술대학교 농생명실험관에서 '시와 물, 그리고 불' 이라는 주제로 축제와 유관한 테마로 세미나를 열어 심도 있는 발표와 토론을 거쳤습니다. 이승훈 교수가 발제를 하고 송희복 교수와 김이듬 시인이 토론에 참여, 이항대립의

관계와 그 초월적 세계에 대해 시인들의 궁금증을 풀게 되는 기회가 되었고, 저녁에는 축제 현장의 관람과 우리 시협의 '유등시 전시' 관람, 그리고 진주성 내부의 등 시설을 둘러보면서 시심을 다졌습니다.

이번 사화집에 실린 축제 시편들은 내년 유등축제 때 갖게 되는 '유등시 전시' 대상이 되기 때문에 한 번 발표로 그치는 것이 아니라 우리나라 처음으로 시도되는 '유등시' 제작의 자료가 된다는 점을 생각해 둘 필요가 있습니다. 다만 우리 회원들의 참여도가 의외로 낮아 날짜 잡기에 문제가 있다는 지적을 참고로 한다 하더라도 여러 가지 방법 모색이 필요한 시점이 아닌가 합니다.

아무쪼록 이 사화집이 물과, 불, 그리고 또 하나의 요소적 위상이 되어 진주 유등축제가 훨씬 빛이 나기를 기대합니다. 원고를 내어 주신 회원 여러분께 마음의 고정등 하나 걸어 드립니다. 감사합니다.

2011년 12월 30일

유등, 충혼이 타오르다

2

3

첫번째

유등 노래

유등 보며

강득송

지금 하늘나라를 하나 열고
우린 우쭐거린다

물로 흐르는 저 빛 속에
나를 묻어 두면
혼자 외롭던 모든 것을 씻을 만한데
아직도 어두운 마음 열지 못하는
어설픈 게임에 밤을 보낸다.

하루를 접고 또 하루를 열어가는 그날
우주는 고독이라는 언어의 덫에 걸려
저 불빛보다 찬란히 빛을 내리라

너도나도 못다 한 빛 그 하나만을 두고

물로 흐르는 저 빛 속에

나를 묻어 두면

혼자 외롭던 모든 것을 씻을 만한데

아직도 어두운 마음 열지 못하는

어설픈 게임에 밤을 보낸다.

눈에 넣어도 아프지 않을

정의로운 유혹

품위 있는 아량이다

이 세상 사람들

등지고 살면 안 된다고

서로 등에 꽃등을 달아주며 사는 것이라고

대밭의 시화 등

강홍중

촉석루 별들이 초롱초롱
남강 오색 무지개가 아롱아롱
대숲에 시화 등 살랑살랑

천국을 맛보며 꿈꾸는 밤
소망의 빛이여
영혼의 향기여

눈에 넣어도 아프지 않을
정의로운 유혹
품위 있는 아량이다

이 세상 사람들
등지고 살면 안 된다고
서로 등에 꽃등을 달아주며 사는 것이라고

참새들 노래하는 늘 푸른 대숲
시의 잔등에 꽃등을 달고
그대를 마중하고 싶다

축제가 되다

강희근

축제의 현장
한 모퉁이 텐트 식당에 들어가 앉아도 축제다
나는 그곳에 가 차림표의 중심 쇠고기국밥 한 그릇
먹기를 좋아한다
그 곁에 다 먹지도 못할
순대 한 접시, 어묵 한 그릇 놓고 이쪽저쪽
번갈아 눈요기하는 걸 좋아한다
친구가 곁에 있기라도 하면 축제는 내게서 완성이다
사람들 어디서부터 모여드는지 연신 인산인해,
저들은 축제의 혜택으로 그만그만한 설레임
한 접시 앞에 있다, 아니면 맘 놓고 마셔보지
못한 막걸리 한 잔, 하루의 시장기 앞에 있다
불은 일제히 강물에 뜨고
저녁도 한꺼번에 내려와 축제의 밤
목이 쉰 소리로
검은 상처의 블루스 같은 노래를 부를 것이다
세상은 시끄럽고 들뜨고 흥청거리는 것
축제가 축제의 재량으로 용서하는가
밤이면 밤이 오면 사람은 다 현장에서 아름답다

텐트 식당 차림표에는 사실이지, 눈 닦고 보아도
내가 제일 아끼는 찌개, 그 찌개 품목이 없다
그래도 어떤가
축제는 축제의 재량이다
축포는 곧 오를 것이다, 하늘을 동화나라로
바꾸는,
불꽃의 요란 띄워 올릴 것이다

축제가 되다

장마 그치고
강물 불었다
아주 먼 곳에서
먼 곳 사람들의
어제가 흘러왔다
그들의 어제를 보며
누군가 나의 어제를
먼 하류에서
볼 것이다.

강

고영조

장마 그치고

강물 불었다

아주 먼 곳에서

먼 곳 사람들의

어제가 흘러왔다

그들의 어제를 보며

누군가 나의 어제를

먼 하류에서

볼 것이다.

군항제 등불

곽병희

제승당 밤을 밝힌
시름의 깊이만큼이라고 해야겠다

젊은이에게 자리를 내어주며
묵은해의 가지와 그루터기를
거두어 갔던 것
상한 잎새를 물약으로 다스려주었던 것

그래
눈 뒤집힌 꽃샘 추위 속을
한산도, 명량, 노량의 파죽지세 같은 불꽃놀이는
4월의 탑산 하늘 위로
하염없이 가슴으로 두근거리게 하였지

누구보다도 앞장서서
가장 남쪽에서부터
무엇보다도 환한 미소로
반도半島를 밝히는 저 등불을 보게

노량바다 영면永眠 같은 꽃비도 그치던 날
자꾸만 위로 위로 꽃잔치의 여진은 이어지고
이읏고 팔도강산 구석구석까지
이르지 않던가

해마다 군항제 등불은
충무공의 해전海戰처럼 물결쳐가곤 하였지

강도 그리움 있지만

산을 안지 못하고

소망하고

기도하는 마음

흘러 천리 바다에 닿으면

넘실넘실 물결이 되고 파도가 되어

어느 해변 어느 암벽에

포말로 울부짖고 가는 것을…

남강에서

권우용

가슴 아픈 사랑 하나 있거던
진주 남강 푸른 물결에
두 손 모으고
등 하나 띄우렴

강도 그리움 있지만
산을 안지 못하고
소망하고
기도하는 마음
흘러 천리 바다에 닿으면
넘실넘실 물결이 되고 파도가 되어
어느 해변 어느 암벽에
포말로 울부짖고 가는 것을…

기다림과 그리움 있거던
이루고 싶은 소망 하나 있거던
고운 정성으로
촛불 하나 밝히고
진주 남강 푸른 물에
등 하나 띄우렴

번 개

김무영

내 마음은
날마다 노랑 가슴 품어
터뜨리는 불꽃이어요

코스모스 다알리아 그리고
바위틈에 갇혀 아직 피지 못한 민들레 쑥부쟁이
더위에 지친 고구마

날마다 그들의 꽃잎을 따서
내 가슴으로 흐르는 고뇌의 이슬로 이개 만든
갈망이어요

번개

등불

김병수

아련한 불빛은
심중心中의 연화蓮花였다

물에 뜬 등불이
달아오른 몸짓으로
교태를 부리듯 낯설지 않게 다가왔다

영원으로 가는 축소판의 시간
꿈을 삿대질하며 흐르는 마음은
어둠이 깊어질수록 더욱 선연해져
발화發火하고 발화發花한다

내 눈 속에 오래 남아
잔물결 위에 그린 아름다운
무언의 희망 이정표였다.

유등

김윤숭

유등은 유체이탈의 빛
밖으로 나가 서 있는
무수한 혼불이 빛난다
축제가 끝나면
유체는 육체에 복귀하나
불도 꺼지고 적막하다
육체와 유체가 하나 되고
혼불이 빛나는
인간의 역동적 삶의
잔치는 비로소 시작된다

유등은 유체이탈의 빛

밖으로 나가 서 있는

무수한 혼불이 빛난다

축제가 끝나면

유체는 육체에 복귀하나

유등축제

도경회

진주성 품에 안고 유장하게 흐르는 어머니 강
푸른 띠 남강에
불현듯 꽃 터진다
진주 사람들
꽃등을 띄운다

홀연 사라진 7만의 몸*
비취수국에 사원을 짓는가
수수백 년 하늘 담았던 투명한 뼈와 뼈 만나
물거름 된
그 몸 너무 환하고 부드러워
그 영혼 강처럼 깊게 자라왔네

시퍼런 삶
어깨에 얹고
균형 바투고 있는
소리 내지 않고도 우는 그대에게
금지환 끼우며
길을 열고 있다

저린 심장을 덥히고 있다

갈맷빛 천년의 정원 속
앞서고 뒤따라가며
그 사무친 어둠 헹구고 만 가지 슬픔 녹이는
이 무수한 등불
꽃등에 단단한 심지 같은
생풀뿌리 진주정신
멈추지 않는다

*1593(계사년) 옥쇄 때 7만 민관군

유등 축제

진주성 품에 안고 유장하게 흐르는 어머니 강

푸른 띠 남강에

불현듯 꽃 터진다

진주 사람들

꽃등을 띄운다

산도 내놓고

숲도 내놓고

노래도 불러 준다

우리 사랑 영원히 흐르게 해주세요

남강은 수만 빛을 폭포로 쏟아주었다

수만 빛 폭포

문복주

남강은 대형 꿈의 스크린
논개가 풍덩 몸을 던지자
수만 왜군 끌어내어
풍덩 풍덩 뛰어들게 하고
예쁜 논개만을 품에 안았다
그녀를 위하여
해를 씻어 아침마다 내놓고
별과 달을 씻어 띄워 놓고
논개야 논개야 예쁜 논개야
진주랑 같이 잘 놀아라 한다
산도 내놓고
숲도 내놓고
노래도 불러 준다
우리 사랑 영원히 흐르게 해주세요
남강은 수만 빛을 폭포로 쏟아주었다

달

문봉규

네 모습이 조금씩 달라지는 것은
내 마음이 변한 것이 아니라
그대 그늘에
내 모양이 보이지 않는 것뿐이다
내 모습이 변해가는 것은
그대가 달라지는 것이 아니라
내 그리움에
그대 모양이 보이지 않을 뿐이다
그대는 허공을 돌고
나는 세월을 돌아
굽이굽이 그리움 속에
꺼지지 않는 작은 등불 하나.

그대가 달라지는 것이 아니라

내 그리움에

그대 모양이 보이지 않을 뿐이다

나를 잠재우던 우리 겨울누나 어디 갔나요

이놈아,

어디 가긴 어디가

따뜻한 햇살날개 달고

경칩驚蟄 무렵

류재상

경칩驚蟄이
아직도 쿨쿨 잠자는 개구리란 놈 이마에
냅다
알밤 두어 대 먹이니,
놀라 벌떡 일어나
폴짝 뛰며 하는 말,
경칩 아저씨
나를 잠재우던 우리 겨울누나 어디 갔나요
이놈아,
어디 가긴 어디 가
따뜻한 햇살날개 달고

벌써, 하늘나라 예쁜 천사天使로 날아갔지

눈부처 유등

박노정

오늘 밤은 부디
화장기를 지우고
4백 년 맨얼굴로
설레이는 눈부처, 저
아린 화두로
마음의 오랜 빗장
열어 두시게

오늘 밤은 부디

화장기를 지우고

4백 년 맨얼굴로

설레이는 눈부처, 저

아린 화두로

마음의 오랜 빗장

열어 두시게

유등

유 등

박우담

유등은 마네킹이다

보는 이에 따라 생각의 깊이에 따라
모두 달라 보인다
어떤 옷을 걸쳐도 어떤 유행을 걸쳐도
늘 인파 속에 빠져 있기는 마찬가지다
단지,
옷을 받쳐 줄 뿐이고 얼짱각도에 따라
포즈를 취할 뿐이다

내가 걸어간다 네가 걸어간다
네가 떠 있다 내가 떠 있다
내가 마네킹이다 네가 마네킹이다

지금,
나는 번민 속에서도
또 다른 나를 디스플레이하고 있다

유등축제

서명옥

사람, 사람들
꿈 하나 가슴 가득하다
일렁인다
물결 타고
오롯한 은하수로…

신기한 꽃송이
물 위에 떠간다
사람, 사람들
수없는 고뇌 안고
밀려오는 수심도 안고

애정 덩어리다
은은 빛자락
가슴 가슴 파고드는
사랑의 도취다
생각 타고 흐르는 별빛 함께…

두번째
유등 노래

축제

물의

물의 축제

서인숙

호수의 풍경에 잠시 정신을 잃었다.
안개 자욱한 회색빛 속
물과 하늘이 만나고 있었다.
물은 깊숙이 아래로
세상 이전의 그 이전의 태곳적
전설을 휘감아
홀연히 피어오르는 연꽃
갈대 길 끝없이 뻗어 어디로 갈 것인가
겨울이 오는 소리
철새들 날아 하늘에 원을 그려
어디론가 사라진 빈 하늘
누구도 이 순간을 보지 않고 자연을
말할 수 있을까
언젠가 빈 캔버스에
점 하나 찍은 그림이 떠올랐다.

흘러가는 유등

안동원

때기 칼로
대 쪼개
유등 만들어

촛불 켜고
어두워질 때까지 기다리다
유등 따라
남강 풀섶 뛰던 방천길
마냥 신나기만 하였다

흘러가는 유등이
떠 있는 유등을
국제적인 유등으로 만들었다

흘러가는 유등

머리 위에 화롯불을 올려놓고
소신공양을 올리는 등신불처럼
역사 속에 의롭게 살다간 선인들의 이야기
한두 줄쯤은 우리들 가슴속에
보물단지로 품고서는 저마다
우러르며 섬기며 한세상 살아가는데

진주남강 유등축제

진주남강 유등축제

양곡

머리 위에 화롯불을 올려놓고
소신공양을 올리는 등신불처럼
역사 속에 의롭게 살다간 선인들의 이야기
한두 줄쯤은 우리들 가슴속에
보물단지로 품고서는 저마다
우러르며 섬기며 한세상 살아가는데

해마다 시월상달이 오면 그동안
마음속에서만 숨어서 타오르던 붉고도
뜨거운 임진 · 계사년의 그 불덩어리들이
진주남강 푸른 물 위로 모두 걸어 나와
낮이나 밤이나 세상 사람들을 불러놓고는
한 열흘간 하늘을 향해 치성을 드리고 있느니

납작한 키

오삼록

키를 키우려고
병원엘 갔다
바지가 밟혀서 왔다는
말에
접수원이 말한다
요즘 고객들, 키는 안 키워요
원래 키는 얼마냐
바지의 원단이 늘어났을 수
있다
구두굽이 닳을 수도 있고,
처방을 내리는 접수원은
맵다
자존심같이 코는 높고
가슴은 산봉우리 같다
선생님은 안 만나도 된다는
접수원,
가슴에 눌려 나는
납작해 졌다

납작한 키

자존심같이 코는 높고

가슴은 산봉우리 같다

선생님은 안 만나도 된다는

접수원,

가슴에 눌려 나는

납작해 졌다

말 없는 유등이 말을 한다

하나의 유등이 되기까지

잠자코 대나무로 쪼개지고

철사로 얽혀 문종이 발라

그냥 유등이 아니다

오하룡

말 없는 유등이 말을 한다
하나의 유등이 되기까지
잠자코 대나무로 쪼개지고
철사로 얽혀 문종이 발라
짐짓 숨소리마저 멈춘 한낱
정적뿐이더니 등불을 켜자
어둠을 걷고 역사를 열고
말 없는 유등이 말을 한다
전율로 일어서는 말을 한다

불꽃놀이

유승영

손가락은 서로 엉켜 아무 말도 못했어요 셔터를 누르는데 주의할 것이 있습니다 어둠으로부터 시작된 오늘을 간단하게 집어삼켜야 합니다 조리개 조리개를 잘 조여주고요 짭조롬한 불꽃들은 사거리에서 교차로에서 나에게 너에게 스며듭니다 셔터의 속도는 3에서 5로 맞춰 주세요 일시정지된 자동차와 퇴근길 사람들은 다리 위에서 건너편 부교 위에서 하얗게 까맣게 반짝입니다. 오늘은 두통약을 사지 않아도 될 것 같아요

파란불을 기다리는 사람들은 네모난 아이스크림을 양손에 들고 네모난 부메랑처럼 걷습니다 생각 없이 앉아 있는 의자들이 맘에 들구요 내가 좋아하는 반짝이 매니큐어도 뒤꿈치를 든 채 손톱만큼 발톱만큼 자라납니다 너무나 우아하고 거룩하여 잠이 잘 오지 않겠습니다 나는 물음표처럼 웅크렸다 펴기도 합니다 혼자 있는 축제는 언제나 신이 나요 칠흑 속에서 부서지는 불꽃이 나를 밀고 들어와요 눈이 부셔요 모든 퍼포먼스는 기대해도 되겠어요

오늘은 두통약을 사지 않아도 될 것 같아요

놀이
불꽃

동글동글 뚝 뚝~

참방참방 뚝 뚝~

수제비가 떨어지며, 몸을 부비는 소리

어머니의 영혼, 가슴속을 물들였다.

세월의 소낙비 지나간 흔적 방울방울

수제비의 향기 가득한 작은 밥상 위로

아이들의 얼굴 곱게 피어났다.

수제비

이경희

하얀 밀가루 반죽에는
당신의 향기가 배어 있다.
당신의 땀방울이 곱게 스며 있다.
이리저리 말린, 지친 세월
주무르고 물러터진, 모진 손잔등
반죽 바구니엔, 어머니의 얼굴이 곱게 맺혀 있다.
땀방울이 송알송알
아이들 눈망울은 동글동글
쫄깃하게,
맛깔나게,
물들어가는 수제비에는
노르스름하게 감칠맛 나는 세상이 숨어 있다.
뜨거운 국물에 땀 방 땀 방
동글동글 뚝 뚝~
참방참방 뚝 뚝~
수제비가 떨어지며, 몸을 부비는 소리
어머니의 영혼, 가슴속을 물들였다.
세월의 소낙비 지나간 흔적 방울방울
수제비의 향기 가득한 작은 밥상 위로
아이들의 얼굴 곱게 피어났다.

진주에 가면

이광석

진주에 가면 막차를 놓치고 싶다
남강다리 반쯤 걸어 나왔다 다시 돌아서서
촉석루 강변 통술거리로 발길을 내민다
누구 기다려줄 벗도 없는데…
말술 두렵지 않던 50대
술은 까마득한 여인처럼 내 고독을 키웠다
달빛도 취해 비틀거리는 남강물에
학춤을 추던 화인 월초
유등꽃 사이로 잔을 흔든다
진주의 밤은 이제 시작인데
안주 하나 더 시켜놓고 자리 비운
촉석루 대밭 바람 소리
마산행 막버스를 세운다

유등꽃 사이로 잔을 흔든다

진주의 밤은 이제 시작인데

안주 하나 더 시켜놓고 자리 비운

촉석루 대발 바람 소리

마산행 막버스를 세운다

별 박힌

궁륭 아래

까마득히

반듯한 물마루

검은 섬

아물아물

물 위의 길

— 유등流燈

이동재

큰 산이
봉우리 몇 개 실어 보내는
먼 불빛
가물가물

별 박힌
궁륭穹窿 아래
까마득히
반듯한 물마루
검은 섬
아물아물

가물가물
아물아물
있는 나 가
없는 나 를
만나러 가는 길

등불 하나 띄워 보내는 일

유등

이미화

당신은 밤이면 말갛게 차오르는 독주군요
끊임없이 이어지던 말장난이
줄을 지어 빛의 살점을 녹입니다
벌써 오신다던 편지 강물 위에서 출렁,
이따금 별빛으로도 씻어내지 못한 그리움이 총총,
발뒤꿈치에 쏟아집니다
바람이 흔들어대고서야 붉어지던 당신
송엽국 피고 돌아 끝내 뜨거움을 밀어내는군요
당신은 침을 묻혀 가끔은,
가끔은 속이 아프다는 편지를 써서
물 우체국에 들러 우표를 사고
편지를 부칩니다 빙그르르,
천 년 후에 당신에게 되돌아올 테지만
천 겹 꽃밭을 가꾼 뜨거움은 망진산 자락을 달구네요

아침이면 물 발톱을 감춘 말간 강물로 내려와
세수를 하고 거울을 보고
밤새 뒤척였던 안부를 묻겠지요
당신은 망진산忘津山 그늘로 내려앉은 남강의 파란 밑줄입니다

등
유

밤눈 어둔 눈동자 분분하구나

세상 모든 자식들, 제 어미 피멍울 든

마음 아는가 앞앞이 말 못하고

떨기채 진 목숨들,

유등을 보며

유등을 보며

이상원

피아彼我가 어디 있는가,

밤눈 어둔 눈동자 분분하구나
세상 모든 자식들, 제 어미 피멍울 든
마음 아는가 앞앞이 말 못하고

떨기채 진 목숨들,

어미에겐 모두 한 자식 아니던가
이제 남강 깊 푸른 물길로 흘러가
다음 생애 환한 꽃으로 나시게

먼 곳에서 반짝이는 등불

이월춘

저렇게 벚꽃 함부로 진다고
모든 생을 가볍다 하지 마라
이른 가을 소슬바람에
상수리나뭇잎 팔랑 스러진다고
오뉴월 땡볕 그 사랑을 가볍다 하지 마라
더 이상 기댈 수 없는 세월에
운명처럼 나고 가는
꽃도 잎도 제자리로 돌아와
죄가 되어
또 다른 이름이 되어
검은 씨앗 근처
등불 하나 걸고
풍파의 날개에 물소리 새소리 담고 있다

먼 곳에서 반짝이는 등불

물 위에서 빛을 쓰고 구호에 맞춰

일제히 강의 달을 따르는 사람들

지겨운 것들은 때로 새로운 것을 선호하네

일대기가 소리 없이 쓰이고

일세기가 환호 속에 문을 여네 강은,

무념의 꼭지를 틀어 제 깜냥껏 흐르다

모던mordern 강

이일림

밤이 흐른다
강이 붐빈다
매일 같은 음률이 지겨웠던 강물

물 위에서 빛을 쓰고 구호에 맞춰
일제히 강의 달을 따르는 사람들
지겨운 것들은 때로 새로운 것을 선호하네
일대기가 소리 없이 쓰이고
일세기가 환호 속에 문을 여네 강은,
무념의 꼭지를 틀어 제 깜냥껏 흐르다
야경꾼의 입술에 색색의 빛말로
물결의 보드란 대화에 동참하는 것이네
켜지 못한 사랑이여
저 불안을 안고 함께 걷자
불이 이끄는 낮은 물의 소리 이끌려
어둠과 빛의 경계에서 파랑파랑 생이 흔들리면, 우리
춤추는 강의 침묵으로 환한
사랑인 채
이별인 채
이 밤, 불의 띠를 맨 물의 고요가 떨려오네
달의 목젖 너머로

유등

이점선

그리하여 우리는
검은 물속으로 걸어 들어갔습니다
바위 틈새에 낀 이끼와
모래와 물살에 섞여
이미 굳어버린 입으로
아무것도 말하지 못할 때
밖으로 흐르는 탁한 피와
멈추지 않는 졸음을 입구로 몰아내는
동굴에서 흘러나오는
신음소리를 내며
물속에서 등 하나가 솟아나옵니다
꺼지지 못하는 등불 하나
유유히
검은 물로 흘러갑니다

유등

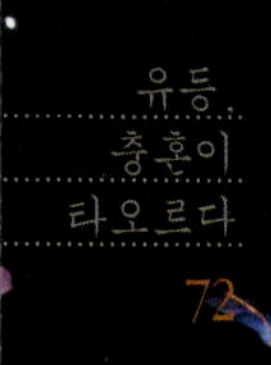

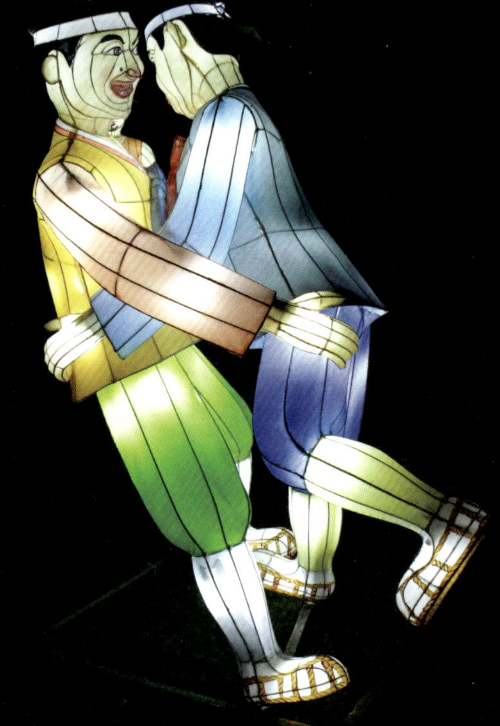

구름 고기를 먹으면

온 세상이 눈 아래 보인다네

갈비구름 등심구름

구름 정육점이 북적거려도

여름 한철만 영업을 하네

구름 정육점

—남강에서

이종만

정육점 냉장고가
구름으로 가득 채워져 있다.
여름이 떠나는 피서지는
구름 정육점이 최고라네
구름 고기를 먹으면
온 세상이 눈 아래 보인다네
갈비구름 등심구름
구름 정육점이 북적거려도
여름 한철만 영업을 하네
구름 고기를 먹으면
구름 고기를 먹으면
구름 고기는 공짜라네
항문에는 뭉실뭉실 별똥도 뽑는다네
제트기류 오줌을 누면
신선로 된다네

노안

장인숙

이른 아침

거미가 제 집을 거두기 전
성대한 의식처럼
내 손으로 손톱에 칠을 하고자

내 눈 밖 또 다른 눈을 앞장세웠다
그러나 이젠
똑똑히 금 안으로 빛 가두지 못하는 나이

힘센 코 꿰어 자랑스럽게 어머니께 바쳤던
별 같은 시절 간데없고
삐뚤빼뚤한 이런 마음조각이나 깁는 동안

한차례 깜깜한 울화통이 지나가더니
포기가 왔고 그리고 고요가 왔고

거미가 제 집을 거두었을 땐

몇 방울 이슬 툭 떨어졌다

세번째

유등 노래

우리의 축제는 조용하다

정기석

방금 무소르크스키씨가 몰래 다녀갔다
전람회의 그림만 턱 걸어놓고 간다는 말도 없었다
브람스 씨는 벌써 지쳐 쓰러졌다
아침부터 신나게 헝가리 춤을 추어대더라니
원래 그렇게 소란한 사람은 아니라고 한다

북한강 강물처럼, 물안개처럼
정태춘 씨는 노래를 노래했다
처 박은옥 씨 손을 잡고 서둘러 귀가한 곳은
서해바다 외딴섬일 것이다
그게 아닐 수도 있을 것이다

오늘 우리의 카페는 조용하다
이제 평화만, 들기로 했으니까

우리의 축제는 조용하다

정적 속에

피어난 환상의 꽃들

환호성에 싸여

은하들에 쏟아질 때

꽃 못 피운

불발탄

설움 가슴 녹는다

남강 불꽃놀이

정동교

정적 속에
피어난 환상의 꽃들

환호성에 싸여
은하들에 쏟아질 때.

꽃 못 피운
불발탄
설움 가슴 녹는다

찬란하게 왔다
찰나에 가지만
긴 줄타기 하는 나

그대들의
지지 않는 꽃
화려한 산화散華에 묻는다

유등제流燈祭에서

정삼조

아득히 흐르는 것의
그림자에 선선히 홀려
등불 하나 띄우는 마음은
굳이 옛날을 생각하고자 함이니
때와 때에
하나씩 물에 뜨는
아름답던 것들을 생각하고
인정 어린 눈물을 기억하는 것이다
그러니 지금 서럽구나
있어야 할 때 눈물 없었고
참마음에 참마음으로 맞서지 못했던
바보 같던 사람이
이 강둑에 서는 것이다

아득히 흐르는 것의
그림자에 선선히 홀려
등불 하나 띄우는 마음은
굳이 옛날을 생각하고자 함이니
때와 때에
하나씩 물에 뜨는
아름답던 것들을 생각하고
인정 어린 눈물을 기억하는 것이다

流燈祭에서

간절한 소망 없는 이 어디 있으랴

불과 물 한 몸 되어 임란 영혼 불러

밤새워 신명 든 굿판 벌이고 있다

논개 놀라 밤잠 들지 못하고 있다

유 등

정삼희

간절한 소망 없는 이 어디 있으랴

불과 물 한 몸 되어 임란 영혼 불러

밤새워 신명 든 굿판 벌이고 있다

논개 놀라 밤잠 들지 못하고 있다

섬진강가에서 길을 잃다

정선호

섬진강가에서 열린 문학행사에서
시와 노래 듣다 강가를 걸었다
강물 위로 이천 년대산 술병 떠다니고
물속에 사는 원혼들 몇이 뒤척이는
소리, 소리가 물보라 일으켰다

몇은 오십 년대와 이천 년대산 술을
섞어 마시며 하동아리랑을 불렀다
노랫소리 섬진강 떠나 지리산의
원혼들에게 전해졌는지 비 내렸다
시인들도 무대 위 씻김굿 보며
원혼들 달래고 메모지에 무언가를
적었다, 다시는 사람이 이념 위해
죽는 일 없길 간절히 바랬다

강 건너편 말투가 다른 마을에
전깃불이 유등처럼 들어왔다
강엔 이념을 위해 죽은 이들 눈물
쓰레기와 더불어 떠내려왔다
방죽엔 달맞이꽃과 찔레꽃 그렁그렁
꽃잎을 강물 위로 흩뿌리고 있다

섬진강가에선 열린 문학행사에서

시와 노래 듣다 강가를 걸었다

강물 위로 이천 년대산 술병 떠다니고

물속에 사는 원혼들 몇이 뒤척이는

소리, 소리가 물보라 일으켰다

유등

유 등

정이경

칠흑의 남강이 밝다
물속으로 잠겨 든 그대가 다시 살아난 것이다
굳이 애국이라 말하지 않은 채
그대는 꽃같이 스러져갔으니
지금에야 꽃 대접 한 상 받는다
수면 위로 화려한 군무 펼쳐지고
강가에는
허겁지겁 달려온 차들이 사람들을 부려놓지만
누군가는 축제의 날을 밝히는 등이 되고
누군가는 가슴속으로 들어가 깊은 강이 된다
남강에 등이 켜지면

유등 접는 여자

정푸른

추억은 시간의 방향을 틀어 접은 종이 유적,

기억은 접혀진 점선이예요 눌러 접은 힘만큼 새로운 각을 만들어요 접힌 시간은 당신의 등이기도 하고 나의 가슴이기도 하죠 점선은 호흡과 호흡 사이 숨을 가다듬던 빈자리, 점선으로 당신과 나를 완성해요 가지런히 끝을 맞추어도 어긋나는 곡절을 가진 등과 가슴을 구부려 불의 태를 만들죠 끝없이 일렁이는 물결은 타오르면서 사라지는 고백의 먼먼 전생이예요

유등 접는 여자

그랬다 천년을 살 섞고 살아도

속내 한 번 보여주지 않는 당신

살아생전 꼭 한 번은 당신의

진짜 속살을 만져보고 싶었다

유등축제

조은길

그랬다 천년을 살 섞고 살아도
속내 한 번 보여주지 않는 당신
살아생전 꼭 한 번은 당신의
진짜 속살을 만져보고 싶었다

그랬다 당신이 가장 환해지던
시월상달과 그 별빛을 배경으로
당신 좋아하는 맑은 술상 차려놓고
당신 좋아하는 형상의 등불 켜들고
당신 좋아하는 노래 큰소리로 부르며
굽이굽이 숨은 당신 만나러 간다

구경꾼들 삼삼오오 당신을 에워싸고
당신은 속절없이 어깨가 들썩들썩
묵은 땟국 같은 겉옷을 벗어던지고
입술이 달싹달싹 마음을 여는가

그러나 그뿐 당신은 잠깐 꿈을 꾼 듯
다시 묵묵부답 일상으로 돌아가 버리고

아쉬운 구경꾼들만 당신을 핑계로
술잔을 주거니 받거니 꾹꾹 묻어두었던
묵은 속내를 털어내고 있다

유 등

진서란

성곽의 불빛이 은은하다
저 불빛,
시절을 살다간 지난 페이지에서 빠져나와
유등 행렬의 소망들을 하나 두울
들여다보고 있다
세상은 갑작스레 바뀌지 않을 것인데
소망과 함께
소망을 넘어가는 리본들이
슬며시 바람을 타고 피부에 와 닿는다
봉숭아 물들인 길고 예쁜
손톱은
천천히 자라주면 첫사랑이 이루어지건만
소망을 꼬리에 문 유등은
바람으로 피었다가
바람으로 사라지는 세상에서
극진한 나의 뜻을 어떻게 들어줄 수 있을까
가을의 깊은 어둠이
선물의 포장지처럼 유등을 감싸고
등불을 건
주인공의 이마는 시나리오처럼 선명하다

유등

맑은 강가에 사는 발자국 소리
우리 불러 걷게 하는 걸음걸음들 잠깐
쉬게 하는 검포구나무 정자그늘 물살

저 순순한 우리들 속살 보네
보면 볼수록 곱이 휘도는 눈빛
정념으로 불 지피는 댓잎파리 물살

진주남강이 띄우는 풍경

차영한

맑은 강가에 사는 발자국 소리
우리 불러 걷게 하는 걸음걸음들 잠깐
쉬게 하는 검포구나무 정자그늘 물살

저 순순한 우리들 속살 보네
보면 볼수록 굽이 휘도는 눈빛
정념으로 불 지피는 댓잎파리 물살

따라나서다 들킨 뒷걸음질 아이고
우야 것 노! 벌써 거룻배는 열래 작대기로
뭉게구름마저 되짚어 밀어내는데, 이제
떠나도 할 말은 뒤로 미뤄야지 네 네
손잡아주던 눈웃음들마저 자꾸 되 밟혀도
더 잘 보이는 것을 안 보인다고 묻지는 마라

되돌아와서 노 젓고 있는 현란한 유등웃음살
부채질 하는 밤물새 떼도 집적거리면서 내 이름
반갑다 묻는 안부도 빈 잔 채우는 남강물소리 굴리네.

유등流燈

최송량

강은 미래를 향하여
흘러가고
어둠을 밀어낸 속눈썹은
과거를 잊으려 눈을 뜬다

지는 꽃잎으로는
눈물을 감출 수 없어
마음을 밝히며 입술 깨무는
저 해맑은 얼굴

웃자꾸나, 울자꾸나
어쩌지 어째
흐르는 것은 불빛이 아니라
불 밝히는 꿈이구나

流燈

유등

밝다.

어둠이 짙을수록

왁자지껄 소란스러워도 들은 체 만 체

함묵含默으로 세상을 밝히고

섰다

유 등

최양호

밝다.

어둠이 짙을수록

왁자지껄 소란스러워도 들은 체 만 체
함묵含默으로 세상을 밝히고
섰다

간혹 거친 바람이 불면 흔들하는 듯해도
꼿꼿하게 서서 온몸을 불태우고 있다

세 살배기 어린아이가
"할아버지, 와 예뻐요!" 하니,
허허, 그놈 하며 두 볼을 쓰다듬는다

그러자 문득
그 두 볼에 볼그레한 불빛이
환하게 밝아온다

저녁노을

표성흠

강물 위에 붉은
크레바스로 그리는
저 노을의 풍경화를 봐
하루를 끝내고 돌아가던
다리 위 낮달도 멈춰 섰다
그대 눈썹 같은 달을 보면
떠나가 돌아오지 않는 웃음이
보여, 저 길 끝 간 데까지 가
돌아올 곳을 잃은 게지, 그 길로
반환점을 넘어선 게야, 거기서는
등불 같은 건 필요치 않을 거야
그렇지? 그런데도 두 발을 동동
굴려 무적을 울리고 불 밝혔지
그래도 속속들이 파고든 안개
나무 밑에 앉아 기다릴까
새들도 쉴 곳을 찾는데
이제 어둠이 몰려오면
저녁 으스름도 녹아
수평선을 지울 텐데

유등이 저 혼자
불을 밝혀 먼 바다 마중을 간다.

강물 위에 붉은

크레바스로 그리는

저 노을의 풍경화를 봐

하루를 끝내고 돌아가던

다리 위 낮달도 멈춰 섰다

한 사내를 안고

남강에 몸을 던진 그대가

개나리 진달래 꽃길을 밟고

뒤늦게 생가에 돌아와

열 손가락에 옥지환을 꼈던 손으로

말끔히 마당을 쓸어놓고

윤나게 쪽마루를 닦아놓고

강낭콩 꽃보다 더 푸른 강물 소리를 듣고 있다

주논개 생가

하 영

한 사내를 안고
남강에 몸을 던진 그대가
개나리 진달래 꽃길을 밟고
뒤늦게 생가에 돌아와
열 손가락에 옥지환을 꼈던 손으로
말끔히 마당을 쓸어놓고
윤나게 쪽마루를 닦아놓고
강낭콩 꽃보다 더 푸른 강물 소리를 듣고 있다

그 강물 소리로
사월 나뭇잎들을 번쩍번쩍 빛나게 들어 올리고
마시기만 하면
누구나 취해 버리는 향기를
만리 밖까지 흩날리고 있다

나는,
오늘 하루 들이 되어
가장 넓고 편안한 곳에
그대를 누인다

축제 속

홍종기

수백 개의 등불 밝히는 밤
휘황찬란한 불, 빛 그리고 물
남강에 반영돼 일렁인다.

가득 수놓은 병풍같이 색색이
바람 타고 춤추며 노래하듯
부드러운 곡선 흐르는데

때 묻은 바지는 죽은 듯
돌 베고 쪼그려 누운
축제 속 노숙자

속

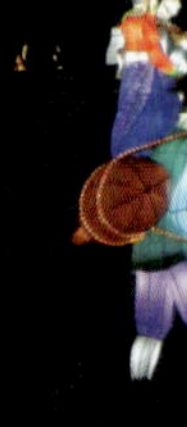

물이 흐르고

세월이 흐르고

채색 없는 흐름에

등 하나 띄우면

흔들리는 것이 세상이라 말하네

반짝거리는 인생이라 말하네.

물이 흐르고

황규홍

물이 흐르고

세월이 흐르고

채색 없는 흐름에

등 하나 띄우면

흔들리는 것이 세상이라 말하네

반짝거리는 인생이라 말하네.

유등,
충혼이 타오르다

■ 축제세미나 주제발표

물과 불

이승훈 시인 · 한양대 명예교수

물은 흐르고 불은 타오른다. 유등流燈은 흐르는 등불이고 물과 불이 하나가 되는 풍경이다. 세상엔 타오르는 불이 있지 흐르는 불은 없고, 흐르는 물이 있지 타오르는 물은 없다. 흐르는 등불. 이게 시가 아니고 무엇인가? 이런 풍경이 바로 시이기 때문에 이제 시인들은 시를 쓸 필요가 없다. 그러므로 이번 진주 남강에서 펼쳐지는 유등 축제는 시의 축제이고 시와 일상이 하나가 되는 축제이고, 세계 어느 나라에 이런 축제가 있는지 모르겠다.

흐르는 등불이 바로 시가 되는 것은 이런 세계가 일상, 과학, 사회의 논리를 해체하기 때문이다. 일상의 논리에 의하면 강물은 흐르고 등불은 어둠을 밝히며 타오른다. 과학의 논리에 의하면 물은 수평의 세계이고 불은 수직의 세계이다. 그리고 물은 액체이고 불은 물질과 산소의 결합이다. 사회의 논리에 의하면 물이나 불 모두 생명의 근원이다. 물과 불이 없으면 살 수 없기 때문이다. 그런 점에서 물과 불의 결합, 물과 불이 하나가 된다는 것은 일상, 과학, 사회의 논리를 해체하고 이런 경계 해체가 시적 상상력의 세계이다. 한 마디로 시는, 그리고 예술은 일상, 과학, 사회의 논리를 부정하고 부인하고 새로운 세계를 동경한다.

그러니까 시와 예술은 일상의 질서를 파괴하고, 그런 질서 너머에 있는 그 무엇을 노래한다. 일상이 과학의 실천이고 사회가 일상의 구조, 질서, 양식이기 때문에 결국 시와 예술이 일상의 논리를 부정한다는 말은 과학, 사회의 논리에 대한 부정과 통한다. 일상이 지겨워서 시가 있고 예술이 있다. 삶의 권태, 고통, 단조로움이 없다면 왜 우리가 시를 쓰는가? 시와 예술은 덧없는 것이지만 이 덧없음이 우리를 위로한다. 물과 불이 만날 때 우리가 체험하는 것이 그렇다.

물과 불은 상극이다. 물을 부으면 불이 꺼지고, 불을 때면 물은 수증가가 되어 소멸한다. 그러나 물은 불과 다르게 수증기가 되어 공중에서 구름이 되고 다시 비가 되어 내린다. 그러므로 불은 순간적이지만 물은 영원하고, 불이 직선의 세계라면 불은 순환의 세계이고, 불이 시작과 끝이 있다면 물은 시작과 끝이 없다. 한편 불은 뜨겁고, 물은 차다. 그렇기 때문에 우리는 뜨거운 사랑을 불 같은 사랑이라고 하지 물 같은 사랑이라고 하지는 않는다. 불이 성적 에너지를 함축하는 것은 물질의 차원에서 최초의 불이 나무들의 마찰에 의해 발생했기 때문이고, 이런 마찰이 성적 행위를 암시하기 때문이다.

그러나 물과 불이 하나가 될 때 우리가 체험하는 것은 불의 능동성과 물의 수동성, 불의 순간성과 물의 영원성, 불의 직선과 물의 순환, 불의 뜨거움과 물의 차거움이 하나가 되는 이상한 세계이다. 이런 세계는 상극이 아니라 상생, 공생, 나아가 하나도 아니고 둘도 아니라는 선불교의 불이不二 중도 사상, 모든 사물들이 상즉상입 원융하는 화엄 사상을 암시한다.

오늘 진주 남강에는 성스러운 등불이 흐르지만 식민지 시대 변영로가 남강에서 읽은 것은 논개의 '거룩한 분노'와 '사랑보다 강한 정열'이다. 분노와 정열은 피의 이미지다. 그러므로 그는 물과 불의 만남을 노래하고 강물에는 불이 흐른다.

아! 강낭콩꽃보다도 더 푸른

그 물결 위에

양귀비꽃보다도 더 붉은

그 마음 흘러라.

변영로의 〈논개〉 일부이다. 여기서 '붉은 마음'은 일제에 대한 분노, 저항, 조국에 대한 사랑과 정열을 뜻한다. 그러나 이런 저항은 굳이 강물과 결합되지 않아도 된다. 피의 이미지 하나면 되지 물의 이미지, 그것도 강물과 결합될 필요가 없다. 횃불이나 붉은 머리띠 하나면 되지 않는가? 이유는 두 가지다. 하나는 논개가 여성이고 물은 여성을 상징하기 때문이고, 다른 하나는 강물이 영원을 상징하기 때문이다. 강물은 영원히 흐른다. 그러므로 논개의 분노와 조국에 대한 사랑도 영원히 흐른다.

한편 이 시의 경우 물은 푸르고 불은 붉다. 하얀 물결이 아니라 푸른 물결은 물과 불의 대조를 강조하기 위해서이고 그러므로 물과 불의 만남이 한결 강한 느낌을 준다. 요컨대 이 시에서 물과 불의 만남은 일제에 대한 분노와 조국에 대한 정열을 상징한다. 그러나 정지용의 경우 물과 불의 만남은 고향에 대한 그리움을 상징한다.

넓은 벌 동쪽 끝으로

옛이야기 지줄대는 실개천이 휘돌아 나가고

얼룩백이 황소가

해설피 금빛 게으른 울음을 우는 곳

그곳이 차마 꿈엔들 잊힐리야.

정지용의 〈향수〉 일부이다. 그가 그리는 고향 풍경이다. 이 시의 경우 물의 이미지는 두 번 나온다. 하나는 '실개천', 하나는 '울음'이다. 먼저

'실개천' 은 좁고 적은 개천, 가늘게 흐르는 개천이고, 이런 개천이 넓은 벌판 동쪽 끝으로 흐르는 게 아니라 휘돌아 나간다. 그러니까 볼품없는 개천이 벌판 동쪽 끝을 돌아나간다. 그러나 이 실개천은 단순히 흐르는 게 아니라 옛이야기를 지절댄다. 수다스럽게 떠든다. 강물이 아니라 실개천 주제에 수다나 떨 수밖에 없지 않겠는가?

그러나 다시 생각하자. 하찮은 실개천이지만 이 개천은 공간의 차원에서 넓은 벌, 그것도 동쪽 끝으로 돌아나가고, 시간의 차원에서는 옛이야기가 암시하는 과거를 함축한다. 그러니까 이 실개천은 넓은 공간을 감싸고 무수한 과거를 내포한다. 실개천 속에 광활한 공간이 있고 무수히 흘러간 과거가 있다. 물속에 대지와 과거가 있다.

다음 두 번째 물의 이미지는 '울음' 으로 노래된다. 그가 그리는 고향은 '얼룩백이 황소' 가 '해설피 금빛 게으른 울음' 을 우는 곳이다. 그동안 학계에선 도대체 일제시대 우리 산골에 얼룩백이 황소가 있다는 게 말이 안된다는 주장이 있었지만 나는 정지용 연구자가 아니기 때문에 그후 이 문제가 어떻게 결판이 났는지 모르고, 그냥 있는 그대로 읽는다. 중요한 것은 이 황소가 '금빛 게으른 울음' 을 운다는 점이고 이런 이미지가 정지용의 놀라운 감각을 반영한다. 그렇지 않은가? 도대체 울음이면 울음이지 금빛 울음이 어디 있고, 그것도 금빛 게으른 울음이 어디 있고 해설피 금빛 게으른 울음이 어디 있단 말인가?

'해설피' 역시 정지용 전공자들의 견해가 다양하지만 나는 '해가 설핏하다' 는 의미로 읽는다. '설피다' 는 짜거나 엮은 것이 거칠고 성기다는 뜻. 그러니까 '해설피' 는 '해가 설피게' , '해가 거칠고 성긴 모양으로' 라는 뜻이다. 이런 해석의 문제들이 있어서 대학 국문과 교수들이 그래도 할 일이 있는 것 같다. 그런 점에서 국문과 교수들은 정지용 선생에게 고마워해야 할 것이다. 그건 그렇고 '해설피' 는 부사이기 때문에 명사 '금빛' 을 꾸밀 수 없다. 그럼 이 부사가 꾸미는 대상은 무엇인가? 부사니까 '울음을 우는' 을 꾸민다고 할 수밖에 없지만 이때도 문제가 생긴다. '해설피' 는 '해가 설피게' 니까 해가 설핀 모양이고 동시에 황소가 우니까 황소가 해가 되어 설피게 우는 게 된다. 도대체 왜 이렇게 복잡한가? 잠시 쉬고 담배를 피운다.

결국 '해설피' 는 지는 해와 황소의 울음이 겹치는 이미지다. 그러므로 '금빛 울음' 의 '금빛' 은 지는 해를 암시하고, 해는 불의 이미지다. '해설피 금빛 게으른 울음을 우는 곳' 에서 불과 물이 만난다. 울음은 물의 이미지이기 때문이다. 요컨대 이 시에서 물과 불의 만남은 고향에 대한 그리움을 상징한다. 과연 고향은 어디 있는가? 실개천이 휘돌아 나가고, 황소울음(물)이 금빛(불)과 결합되는 곳이 고향이다.

생각난 김에 물과 불이 하나가 되는 시를 한 편 더 읽어보자. 경남 삼천포 출신 박재삼의 명품 〈울음이 타는 가을 강〉이다. 제목부터 물(울음)과 불(타다)이 만나며 하나가 된다. 그러니까 '강(물)' 은 물이며 동시에 불이다.

마음도 한 자리 못 앉아 있는 마음일 때
친구의 서러운 사랑 이야기를
가을 햇볕으로나 동무삼아 따라가면

어느새 등성이에 이르러 눈물나고나

제삿날 큰집에 모인 불빛도 불빛이지만
해질녘 울음이 타는 가을 강을 보겠네

박재삼의 〈울음이 타는 가을 강〉 일부이다. 그동안 모더니즘이니 아방가르드니 이상한 소리를 하며 살아온 위인이 이런 시를 칭찬하면 다소 의아하게 생각할 분들이 있겠지만 그렇지 않다. 내가 이 시를 처음 읽은 건, 지금 기억이 틀림없다면, 고교 시절 《사상계》에서이고, 처음 읽고 참 잘 쓴 시라는 생각을 했고, 지금도 문학관은 다르지만 이 시의 가치를 인정하는 입장이다. 우리 서정시의 수준도 이 정도는 되어야 하지 않겠는가?

1연에서 시인이 노래하는 것은 친구의 서러운 사랑 이야기이지만 그것이 '햇볕'과 '눈물'의 이미지로 형상화된 것이 놀랍다. 햇볕은 불의 이미지이고 눈물은 물의 이미지다. 그러므로 친구의 서러운 사랑 이야기를 생각하며, 혹은 들으며 가을 햇볕을 동무 삼아 따라가 등성이에 이르면 눈물이 난다는 것은 서러움을 동기로 하고 불이 물의 이미지로 바뀌는 것을 의미한다. 그러니까 1연에서는 불과 물이 만나는 것은 아니고 불이 물로 전환되고, 그것은 서러움을 동기로 한다. 물론 이때의 불은 뜨거운, 활활 타는 불이 아니라 가을 햇볕이 암시하듯 따뜻한 불이다.

그러나 2연에 오면 '눈물'은 '울음'이 되고 이 울음이 불이 되어 탄다. 정지용의 경우 얼룩백이 황소의 울음이 금빛(불)이 되는 것이 해를 매개로 하듯이 이 시의 경우 울음이 불이 되는 것은 해질 녘의 햇빛(불)을 매개로 한다. 그러니까 한밤의 가을 강이라면 이런 이미지가 나올 수 없다. 중요한 것은 물과 불의 만남이다. 이제 가을 강은 물(울음)의 불(타다)이고 불의 물이다. 그러나 이 불은 제삿날 큰집에 모이는 불빛이 암시하듯 은은한 불이다. 놀랍지 않은가? 울음이 타는 가을 강이라니!

이제까지 읽은 세 편의 시는 모두 물과 불이 하나가 되는 세계를 노래한다. 그러나 이런 세계가 변영로의 경우는 분노와 정열을, 정지용의 경우엔 향수를, 박재삼의 경우엔 서러운 사랑을 암시한다. 그러니까 개별적인 차이가 있고, 그런 점에서 물과 불의 이미지는 원형적 이미지다.

그렇다면 오늘 진주 남강에 흐르는 등불은 무엇을 말하는가? 유등 축제는 문화 행사이고, 축제라는 점에서 일상의 경계가 해체되고, 따라서 시이고 예술이다. 모든 축제는 일상의 논리, 규범, 질서를 해체하기 때문이다. 대학에서도 축제 때는 캠퍼스에서 술도 마시고 노래도 부르고 춤도 추는 게 허용된다. 모두 대학 질서에서 벗어나는 일들이다. 그러나 축제 때는 허용된다. 그런 점에서 모든 축제는 일상의 세계를 벗어나 어떤 성스러운 세계와 만나는 시간이고 공간이다.

강물에 흐르는 등불도 그렇다. 등불은 방에 있어야지 강물에 떠서 흐르면 안 된다. 그러나 유등은 이런 일상의 질서를 해체하고, 따라서 시가 된다. 강물은 하나지만 등불은 무수히 많다. 그러나 하나의 강물 속에 무수한 등불이 있고 무수한 등불은 강물을 머금고 있다. 등불과 강물은 같은 것도 아니고 다른 것도 아니다. 서로를 비추면서 강물과 등불은 하나가 된다. 이른바 상즉상입相卽相入, 상호원융의 화엄 세계다. 등불도 그렇다. 강물에 흐르는 무수한 등불은 서로를 비추면서 하나가 되지만 개별성을 유지한다. 그러니까 하나의 등불이 무수한 등불이고 무수한 등불이 하나의 등불이다. 일즉다一卽多 다즉일多卽一이다.

결국 물이 불이고 불이 물이다. 물속에 불이 있고 불 속에 물이 있다. 물과 불은 서로를 비춘다. 내가 유등에서 읽는 것은 이런 사사무애事事無碍의 경지다. 그렇다면 이 경지는 어디 있는가? 진주 남강에 있지만 유등을 보는 나의 마음에 있고, 그러므로 마음이 이런 세계를 만든다. 과연 마음이란 무엇인가?

유등, 충혼이 타오르다

경남시인협회 사화집

펴낸날 | 2011년 12월 30일

펴낸이 | 강희근(회장)
펴낸곳 | 경남시인협회
주　소 | 660-290 진주시 주약동 168-10 2층
강희근시문학연구소
연락처 | 010-8158-5836

만든곳 | 도서출판 경남
주　소 | 창원시 마산합포구 남성로 42
연락처 | (055) 245-8818, 245-8819
홈페이지 | http://www.gnbook.com
전자메일 | gnbook@empal.com
출판등록 | 제2호(1985. 5. 6)

ISBN 978-89-7675-749-4-03810

※이 책은 진주문화예술재단으로부터
발간비의 일부를 지원받았습니다.

[값 12,000원]